Heilige Schreine – Heilende Farben

Die Begegnung zwischen Koshinto und Aura-Soma

Mike Booth & Yasuyoshi Sakata

Aquamarin Verlag

Es ist mir eine große Freude, die deutsche Ausgabe dieses Buches einzuleiten. Ich hoffe, dass es durch dieses Werk gelingt, die kulturellen und ästhetischen Schätze zweier so unterschiedlicher Welten zum Vorschein zu bringen und einen Beitrag zu ihrem gegenseitigen Verständnis zu leisten. Manchmal geschieht es im Leben, dass sich durch die Begegnung mit einem anderen Menschen etwas Außergewöhnliches ereignet. Dieses Buch ist ein Beleg dafür. Es dokumentiert eine wundervolle Begegnung von Mensch zu Mensch.

Die Photos wurden von meinem lieben Freund Erik Pelham im Koshinto Schrein in Japan und in Dev Aura in England aufgenommen. Sie spiegeln die innere Weisheit seiner Augen, durch die er die Welt betrachtet. Ich glaube, die Bilder belegen auf wunderbare Art und Weise, was die innere Botschaft der Autoren ist. „Ein Bild sagt mehr als tausend Worte."

Aura-Soma hat viele Türen in meinem Leben geöffnet, wofür ich zutiefst dankbar bin. Mögen die Leser sich nicht nur am Inhalt dieses Buches erfreuen, sondern vor allem an der Inspiration, die ihm zugrunde liegt.

Mike Booth

Honden. Diese einfachen und klaren Formen drücken eine verborgene Qualität des Lebens aus und schenken all denen, die sich hier dem Gebet widmen, ein Gefühl von Offenheit und Reinheit.

Ein Blick auf die Eingangstür von Dev Aura, der Heimat der „Internationalen Akademie zur wissenschaftlichen Erforschung der Farben".
Dev Aura ist das Hauptzentrum für das Studium von Aura-Soma in England.

Das Tor

Aura-Soma

Mike Booth: Es ist mir eine große Freude, mit jemandem über Farbe sprechen zu können, der über ein so tiefes Verständnis ihrer Bedeutung verfügt und zugleich selbst verwurzelt ist in einer uralten Tradition.

Die Geschichte von Koshinto

Yasuyoshi Sakata: Ich bin sehr interessiert an Aura-Soma und habe mich wirklich gefreut, Sie kennenzulernen. Unser Treffen bietet mir die Möglichkeit, von der kompetentesten Autorität etwas über das innerste Wesen von Aura-Soma zu erfahren. Können Sie mir kurz umschreiben, was Aura-Soma ist?

Ein Blick in den Garten vom Balkon eines Zimmers im Obergeschoss von Dev Aura. Margaret Cockbain entwarf den Garten, der hinter dem kleinen Bungalow lag, der für sie und Vicky Wall errichtet wurde. Er trägt den Namen „Shalom“ und grenzt direkt an Dev Aura an.

MB: Aura-Soma ist ein nichteingreifendes, auf Selbstauswahl basierendes Farb-System. Es wird auch als „Seelen-Heilkunst“ beschrieben. Es ist ein Spiegel aus Farben, in dem wir die tiefsten Aspekte unseres Wesens erkennen können. Es ist ein Werkzeug, durch welches wir, als menschliche Wesen, unmittelbar einen tieferen Aspekt unseres Bewusstseins erfassen können.

Was waren die Ursprünge von Koshinto?

YS: Nach meiner Kenntnis gehen die Ursprünge von Koshinto zurück in die Jomon-Zeit, die etwa fünftausend bis achttausend Jahre vor unserer Epoche anzusetzen ist. Es war eine Jäger-Kultur, in der die Menschen in den Wäldern lebten

und erst allmählich begannen, ihr Bewusstsein für eine feinfühligere Form menschlicher Existenz zu entfalten.
Nach dem japanischen Geschichtsverständnis hat sich jede Kulturstufe aus ihrer Vorgängerin heraus entfaltet. Die Menschen nahmen auf, was sie aus der Jäger-Kultur und dem Leben in den Wäldern lernen konnten und brachten es ein in die nächste Epoche – die Reis-Kultur. Aus dieser entsprang unsere moderne städtische Lebensform. Dieser Prozess ist charakteristisch für die Lebensentwicklung und die kulturelle Entfaltung in Japan. Die Ausbreitung jener Ästhetik, welche die gegenwärtige japanische Kultur auszeichnet, ist das Ergebnis eines langen historischen Entwicklungsprozesses.

Kamihashi. Die heilige Brücke zwischen Honden und Zuishogu, die von den Shinto Priestern und Priesterinnen benutzt wird.

Der Eingang zum Speisezimmer in Dev Aura, vom Wintergarten her gesehen.

Honden. Die einfache und klare Form drückt die unsichtbare Qualität des Lebens aus und schenkt den Betenden ein Gefühl von Offenheit und Reinheit.

Das Tor

MB: Eine Kultur der Feinfühligkeit war das Ergebnis der langen Entwicklung?

YS: Sie ist eine der Wurzeln der Geschichte von Koshinto. Japan pflegte einerseits einen kulturellen Austausch mit China und der koreanischen Halbinsel, auf der anderen Seite gab es kriegerische Auseinandersetzungen. Dazu gab es Bürgerkriege in Japan, und die verschiedenen Machthaber bekämpften einander, um die Alleinherrschaft zu erringen. Es waren blutige Schlachten.

Aus diesen tragischen Erfahrungen formte sich eine neue Nation mit einem einheitlichen Bewusstsein, das jene Konflikte zu einem Ende brachte.

Diese moderne Nation wurde vor dreizehnhundert Jahren errichtet. Sie besaß einheitliche Gesetze und begann den Namen „Japan" zu tragen. Zu dieser Zeit fand Koshinto seinen Platz im Herzen des neuen nationalen Bewusstseins. Koshinto, als traditionelles System, nahm hier seinen eigentlichen Anfang.

Die ältesten Wurzeln liegen in der Jomon-Zeit, aber der kulturelle Mittelpunkt und das spirituelle Herz der Nation wurde es vor etwa dreizehnhundert Jahren.

Die Eingangstür und Veranda von Dev Aura.

Das Tor

MB: Gibt es einen Unterschied zwischen Koshinto und Shinto?

YS: Koshinto ist die Lebensenergie im Herzen von Shinto. Wir können es ihre Quelle oder ihren Archetypus nennen.

MB: Koshinto ist das Herz von Shinto. Ich habe meine Ausbildung in England erhalten, und nach meiner Kenntnis war es so, dass der Schintoismus weitgehend vom Buddhismus verdrängt wurde, als dieser von China und Indien nach Japan gelangte. Ist dieser Eindruck falsch?

YS: Nein – er ist zutreffend. Koshinto blieb das nationale Erbe, die Lebensform mit Herrscher und Glauben, so dass wir unsere nationale Identität nicht verloren, als der Buddhismus in Japan Einzug hielt. Zu dieser Zeit formte sich der Buddhismus als Lebensform und Kultur um den Kern von Koshinto. Koshinto wurde umhüllt vom Buddhismus und später auch vom Christentum. Koshinto war wie der Mittelpunkt eines Gebildes, in dem sich in konzentrischen Kreisen die spirituelle Struktur einer Nation entfaltete. Aber Koshinto blieb stets der Mittelpunkt unserer alten Tradition.

YS: Was ist Ihr Eindruck von dieser Tempelanlage?

MB: Ich habe zahlreiche wundervolle Eindrücke gewonnen. Nach meinem Empfinden ist dies ein Ort großer Klarheit. Es fällt hier leicht, sich tief in die Meditation zu versenken. Die vorrangige Wahrnehmung ist aber die außerordentliche Schönheit der Gestaltung des Tempels. Es herrscht ein vollkommenes Gleichgewicht zwischen menschlicher Nutzung der Natur und ihrer Wertschätzung. Dies zeigt sich vorrangig in der Art und Weise, wie der Tempel in die Schönheit der Natur eingefügt ist.

Verehrung und Verbindung mit der Natur

Das Nicht-Sein

Nicht Sein

YS: Was meinen Sie genau, wenn Sie von der Harmonie zwischen den menschlichen Wesen und der Natur sprechen?

MB: Natur weist zwei Bedeutungen auf. Die eine betrifft alle Naturphänomene, das pflanzliche Leben an der Erdoberfläche, die Minerale und Kristalle darunter. Unsere Sprache beschreibt dies als eine Seite der Natur. Dann gibt es auch noch die menschliche 'Natur', die das innere Leben des Menschen umfasst. Wenn die äußere und die innere Seite des Lebens zusammenkommen, ist dies äußerst zweckdienlich für die spirituelle Entwicklung des Menschen. Was ich hier im Tempel erlebe, ist das Eindrückliche der äußeren Natur und die Möglichkeit, tief ins Wesen der inneren Natur einzutreten – eine wundervolle, überaus ästhetische Harmonie. Das ist in meinen Augen ein überaus seltenes, vielleicht ausschließlich japanisches Phänomen, dass diese zwei Aspekte sich so einzigartig verbinden.

YS: Sie beschreiben mit Ihren Worten sehr treffend unsere Absicht – hier im Tempel ein göttliches Feld zu errichten. Wir haben lange daran gearbeitet, einen Raum zu schaffen, der diesem Zweck gewidmet werden kann. Der Glaube Japans ist ein Glaube, der bereits ein Aspekt des Lebens an sich ist. Christus sprach von der Liebe und Buddha lehrte das Mitgefühl für alle Wesen. Koshinto ist in seinem innersten Wesen der „Glaube des Lebens" oder der „Glaube an das Leben".

Die Auffahrt zu Dev Aura, das in Tetford, nahe Horncastle, in der Grafschaft Lincolnshire liegt.

MB: Was meint der „Glaube des Lebens“?

YS: Glaube im Koshinto meint, nicht Gott oder den Buddha an die erste Stelle zu setzen. Glaube in dieser Tradition meint, herauszufinden, was für uns die höchste Wichtigkeit besitzt und dies in unserem Leben zu verwirklichen. Die Japaner haben lange den GEIST erforscht, um herauszufinden, was das Wichtigste ist – und sie gelangten an den Punkt, an „das Leben zu glauben“. Das Leben ist ein Geschenk des Himmels, der Erde und der Natur. Wir gelangen zu der Erkenntnis, dass unser Leben eins ist mit dem Himmel, der Erde und der Natur – alles ist in einer großen Einheit verbunden. Natürlichkeit wird so zum wichtigsten Glaubensfaktor – und sie ist das Leben selbst.
Wir achten diese Natürlichkeit als göttlich. Wir achten unseren Raum, einen Raum für den Glauben, ein göttliches Feld, einen Schrein, den wir für unseren Glauben errichtet haben. Aus diesem Grund bin ich sehr erfreut zu hören, was Sie gerade ausgedrückt haben.

Eine Bank im Garten von Dev Aura, vor der eine Figur des Hotei steht.

Das Lichtdisplay mit den Equilibrium-Flaschen als Mittelpunkt des Beratungsraums in Dev Aura.

MB: In den letzten Jahren habe ich mein Augenmerk verstärkt auf die verborgene Absicht hinter den Dingen gerichtet, anstatt auf die Dinge selbst.

YS: Was ist die verborgene Absicht von Aura-Soma?

MB: Die verborgene Absicht ist von großer Bedeutung im Zusammenhang mit Aura-Soma. Eine Absicht, eine innere Botschaft wird bewusst in jedes Produkt gelegt, das Aura-Soma herstellt. Die grundsätzliche Absicht lautet, nichts in den Produkten zu aktivieren, was nicht zum Besten der Person ist, die sie verwendet. Ich bin überzeugt, dass diese Absicht Aura-Soma hilft, um den besten Nutzen für diejenigen zu bewirken, die irgendein Produkt von Aura-Soma in ihrem Leben einsetzen.

Ein Blick in den Mittelteil des Gartens von Dev Aura.

Der Mittelpunkt von Takamanohara. Ein Energiepunkt, der Himmel und Erde verbindet.

YS: Sie haben die einzelnen Bauwerke des Schreins besucht, und es wird Ihnen bereits aufgefallen sein, dass traditionelle japanische Gebäude fast keine Mauern aufweisen. Es gibt Shoji, Fusuma oder Misu (Windschutz), die noch traditioneller sind. Durch Misu kann man von beiden Seiten hindurchsehen.
Wie ich bereits ausführte, ist unser Leben mit der Natur verbunden, deshalb trennen wir uns nicht davon ab, indem wir Mauern errichten. In dieser Gemeinschaft erfahren wir stets das Leben und achten es. Auf diese Weise wurde die japanische Kultur überliefert und durch die traditionellen Gebäude symbolisch ausgedrückt. Dieser Prozess hat sich bis in die Gegenwart fortgesetzt.

MB: Vor allem im Schrein-Zimmer, in dem ich diese Woche unterrichten durfte, ist man sich der eintretenden Natur sehr bewusst.
Es ist so überaus wichtig für die Menschheit, sich wieder mit der Natur zu verbinden – nicht nur visuell, sondern auch im Herzen. Vielleicht war dies noch nie so dringend wie in unserer Zeit. Soweit ich verstanden habe, war es vor allem Ihre Entscheidung, aus Tokio wegzugehen und den Tempel in dieser natürlichen Umgebung zu errichten.

Vickys Baum im „Garten der Erinnerung“ in Dev Aura

YS: Das ist richtig. Mir wurde bewusst, wie notwendig es ist, wieder tief mit der Natur verbunden zu sein und das Leben in unserem innersten Wesenskern zu spüren. Nur so können wir wahrhaft als menschliche Wesen leben. Meine Absicht war es, wieder ein traditionelles göttliches Feld zu errichten, in einem Raum, der es ermöglichte, Koshinto, als der Essenz der japanischen Kultur, Ausdruck zu verleihen. Deshalb zog der Tempel nach Yamanashi um, wo er von der Natur umgeben ist und dieses göttliche Feld in der Natur wiederbeleben konnte.

Der Eingang zum Takamanohara

Der „Garten der Erinnerung“ in Dev Aura, der Vicky Wall, der Begründerin von Aura-Soma, gewidmet ist. Das Gebäude ist der sechseckige Tempel, in dem alle Equilibrium-Flaschen des Aura-Soma-Systems ausgestellt sind.

MB: Es ist von großer Bedeutung, mit der Natur verbunden zu sein. Wenn jemand mit den Substanzen in den Aura-Soma-Produkten arbeitet, bietet sich ihm die Möglichkeit, durch seine Erfahrungen ein vertieftes Verhältnis zur Natur zu erlangen – zur äußeren und inneren Natur.

Beim ersten Blick fallen nur die leuchtenden Farben der Equilibrium-Flaschen ins Auge, aber diese enthalten auch Kräuter und Pflanzen. Sie wurden mit Achtsamkeit und großer Liebe versorgt, während sie in der Natur heranwuchsen; und auch der Erdboden wird mit Umsicht gepflegt, damit in ihm gesunde Kräuter und Pflanzen aufblühen können.

Der Mensch hat im Laufe der Zeit die Fähigkeit verloren, auf die Fruchtbarkeit des Bodens zu achten. Die moderne Industriegesellschaft setzt Chemikalien ein, um die Ernte zu fördern. Eine Verbindung zur eigentlichen Natur ist fast völlig verloren gegangen. Aura-Soma ist darum bemüht, wieder eine wahrhafte Verbindung zum Boden, zur Muttererde, herzustellen.

Die Verbindung mit der Natur und mit den Naturprozessen, die Entscheidendes zu den Aura-Soma-Produkten beitragen, ist für uns von größter Bedeutung.

Kristalle und Edelsteine sind ebenfalls Bestandteile von Aura-Soma. Jeder Kristall und jeder Edelstein, der aus der Erde kommt, trägt eine bestimmte Botschaft, die Bestandteil seines Wesens ist. Alle Kristalle und Edelsteine tragen eine bestimmte Signatur, eine spezielle Schwingung, Frequenz oder Resonanz der Erde. Diese individuelle Eigenheit charakterisiert jeden Kristall und jeden Edelstein. Das Einsammeln dieser Kristalle und Edelsteine von überall auf der Welt war an sich bereits ein Prozess, um mit der Natur, die im Mineralreich manifestiert ist, in einen engeren, liebevolleren Kontakt zu treten.

In der Arbeit mit den Kristallen und Edelsteinen sowie mit den Pflanzen und Kräutern der Erde erwerben wir auch ein Verständnis von der Absicht, welche die Natur mit ihrer Erzeugung verbindet.

Diese Rückverbindung mit der Natur ereignet sich dann wieder, wenn Menschen die Aura-Soma-Produkte anwenden. Dies kann auch deswegen geschehen, weil jenes innere Bemühen, die Natur zu verstehen, in den Produkten mitschwingt. Die Energien der Kristalle und die Energien der Pflanzen sind das wahre Wesen, die wahre Natur der Kristalle und Pflanzen.

Nicht-Sein

Nicht-Sein

Durch die Unterstützung von Kristallen und Edelsteinen finden die Menschen wieder Zugang zu ihrem inneren Wesen. Wir erkennen das Geheimnis der Farben wieder, etwas, das Menschen, Pflanzen und Kristalle gemeinsam haben. Die Natur offenbart sich im Spiegel der Farben und wird selbst wiederum unterstützt durch die Resonanz in den Pflanzen und Kristallen. Wenn jemand eine Equilibrium-Flasche anwendet, hält er sowohl den Schlüssel zu seinem inneren Wesen in der Hand als auch zu einem tieferen Verständnis von 'Natur', wie sie sich in den Aura-Soma-Produkten findet.

YS: Ich bin von Ihren Worten sehr berührt. Indem die innere und die äußere NATUR eins werden, erhalten wir die Erlaubnis, ein Leben im Einklang mit dem unermesslichen Kosmos zu führen. Dieses Bewusstsein führt uns wieder zum Glauben an das Leben.

MB: Wenn die Menschen der modernen Industriegesellschaft den ganzen Tag völlig ohne Bezug zur Natur verbringen, bemerken sie keine Bäume mehr; der Wechsel der Jahreszeiten fällt ihnen nicht mehr auf, denn sie nehmen die fallenden Blätter im Herbst ebenso wenig wahr wie die neuen Blüten und Zweige im Frühjahr.

Wenn man mehr im Einklang mit der Natur lebt, bekommen die Wechsel der Jahreszeiten oder die Veränderungen in der Natur eine Bedeutung, um die Strukturen der Erde besser zu verstehen, Strukturen, die letztlich in allem Leben existieren. Ich bin überzeugt, dass Aura-Soma dabei helfen kann, das Bewusstsein für diese Lebensstrukturen zu erweitern und damit die Harmonie mit der inneren Natur des Menschen zu fördern.

Die lebendige Verbindung zwischen der inneren und der äußeren NATUR spielt die entscheidende Rolle auf der Suche nach der eigenen Wahrheit, wenn sie jemand mittels Aura-Soma unternehmen möchte.

Nicht-Sein

Aura-Soma bietet die Möglichkeit, vor allem durch sein Herzstück, die Equilibrium-Flaschen, sich selbst im Spiegel der Farben zu erkennen. Es geht darum, sich selbst nicht nur als Persönlichkeit oder als eine Ansammlung von Emotionen wahrzunehmen, sondern tiefer in die Natur jenes Bewusstseins einzudringen, das hinter den Inhalten unserer Gedanken und Gefühle liegt – jenseits des Verstandes. BEWUSSTSEIN, das Aufleuchten unseres inneren Lichtes, ist die Summe von Myriaden verschiedener Farben, die zahllose unterschiedliche Eigenschaften tragen. Aura-Soma enthält die Möglichkeit, diese Eigenschaften widerzuspiegeln. So werden wir in die Lage versetzt, diese tieferen Aspekte unseres Wesens zu entschlüsseln und das Tor zum Verständnis unserer wahren Natur zu öffnen.

Temizusha – ein Ort, um Geist und Körper zu reinigen

Ein Wasserfall im Garten von Dev Aura.

Die inneren Reichtümer und die innere Natur achten

Wasser

MB: Überall auf der Welt haben viele Menschen ihr Interesse für Aura-Soma entdeckt. Sie mögen von der Farbe oder vom Duft angezogen worden sein, und nun eröffnet sich ihnen die Möglichkeit, ihrem eigenen inneren Wesen ein wenig näher zu kommen. Im Weiteren bietet es ihnen die Gelegenheit, anderen Menschen davon zu berichten, welche Chancen darin liegen, die äußere Natur im Spiegel der Farben zu entdecken, den Aura-Soma ihnen vor Augen führt. Es ist ein unfassbares Geschenk für mich, die Aufgabe erhalten zu haben, diese Arbeit mit Farben mit anderen teilen zu dürfen. Ich bin zutiefst dankbar dafür, vor allem wenn sich dabei so wunderbare Begegnungen ergeben wie die, hier im Koshinto-Tempel Aura-Soma vorstellen zu dürfen. Aura-Soma spiegelt für mich im Kleinen, im Individuellen, alle die Schwierigkeiten und Leiden wider, welche die Menschheit im Großen, als Ganze, durchleben muss.

Im Garten von Dev Aura

Wasser

YS: Was sind Ihre persönlichen Eindrücke hinsichtlich der Schwierigkeiten, von denen Sie sprachen?

MB: Die Menschen haben sich zu sehr in der äußeren Welt verstrickt.
Damit meine ich vor allem, dass sie von zu vielen Dingen, die sie eigentlich gar nicht benötigen, denken, sie würden sie benötigen.
Die Menschen verfügen über die Möglichkeiten, sich nach innen zu wenden, um ihre wahren inneren Reichtümer zu entdecken, die Innenseite ihres Lebens. Wer sich nach innen wendet, lebt im Einklang mit der Natur, denn die NATUR und die Natur unseres Wesens sind eins.

Kamiike und Nogaku-den. Ein heiliger Teich und eine Noh-Brücke, die vollendete Form traditioneller Kunst, den Geist Japans auszudrücken.

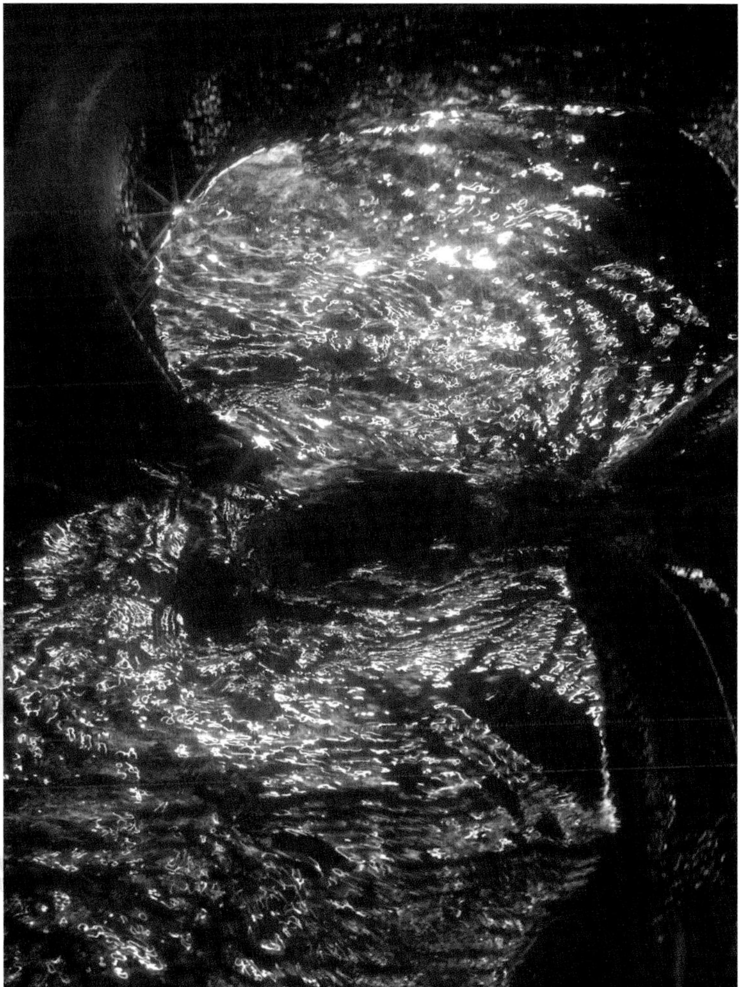

YS: Was denken Sie über die Verbindung zwischen äußerer und innerer NATUR?

MB: Alles in der Natur weist ein bestimmtes Muster auf. Ein Beispiel, das oft benutzt wird, um dies zu beschreiben, ist die Spirale, ähnlich der Wendeltreppe an der Außenfront von Dev Aura, der Heimat von Aura-Soma. Die Spirale zeigt sich in fast allen grundlegenden Formen des Lebens, im kleinsten Weichtier, in einer Muschel oder in der Art und Weise, wie sich die Samen in einer Sonnenblume anordnen. Auch die Zweige eines Baumes ordnen sich häufig in Form einer Spirale um den Stamm. Das menschliche Haar wächst spiralförmig auf dem Scheitel eines Menschen. Viele Lebensformen weisen dieses Muster auf; und vielleicht ist es das grundlegende energetische Muster des Daseins. Wenn wir eine einzelne Zelle betrachten, so stoßen wir auf die Spirale der Doppel-Helix in der DNA, welche das Erbgut der Zelle charakterisiert. Schauen wir zum Himmelszelt empor, erblicken wir Spiralnebel, eine ungeheuer ausgedehnte Galaxie von Sternen und Sonnen, die sich in diesem Muster anordnen. Das Leben selbst spiegelt das Innere und das Äußere, das

Die Wendeltreppe an der Außenseite von Aura-Soma, die in Notfällen Zugang zum dritten Stockwerk von Dev Aura bietet.

Wasser

Kleinste und das Größte. Diese Erkenntnis von innerer und äußerer Einheit ist auch ein Ausdruck des inneren und äußeren Wesens von Farbe.
Eine Analogie zur Spirale der Evolution finden wir vielleicht im Fortschritt durch die verschiedenen Inkarnationserfahrungen oder in den verschiedenen Schichten des Bewusstseins.

Zu diesen Ebenen des Bewusstseins erhalten wir Zugang durch den Spiegel der Farben.
Wenn wir die Lektionen des Lebens lernen, zeigt sich allmählich unsere geistige Aufgabe, und der Sinn des Daseins entschlüsselt sich uns. So beginnen wir unser Bewusstsein schrittweise zu entfalten.

Die Erweiterung des Bewusstseins anhand der Spirale der Farben zeigt, dass keine Farbe wichtiger als eine andere ist. Wenn wir unsere Lebenslektionen gleich einem Tanz der Farben durchschreiten, werden wir allmählich erkennen, wer wir wirklich sind. Wir erkennen die Vielfältigkeit unseres Wesens durch die Einfachheit der Farben.

Ein Wasserfall in der Nähe des Zuishogu

Misogi-den. Ein Ort der Reinigung im Zuishogu

Das Rosen-Wasserspiel im „Garten der Erinnerung“ in Dev Aura

Wasser

YS: Es gibt in Japanisch das Wort „Shizen" (Natur). Vor mehr als hundert Jahren meinte dieser Ausdruck ursprünglich „sein Leben als menschliches Wesen nach dem höchsten Ideal zu leben; der vollkommene Lebensweg". Man sprach das Wort „Shizen" damals auch „Jinen" aus. In diesem Seinszustand empfindet man kein Leid, das verursacht wird von Stress, Zweifeln oder Schmerzen; es ist ein vollkommen friedvoller, entspannter Bewusstseinszustand, in dem Körper und Geist sich in harmonischer Balance befinden. Wir nennen dies „Shizen" oder „Shizen tai" – den natürlichen Zustand des Körpers. Daher stimme ich Ihnen zu, wenn Sie sagen, der vollkommene Seinszustand bedeutet die Erkenntnis der inneren Natur des Menschen.

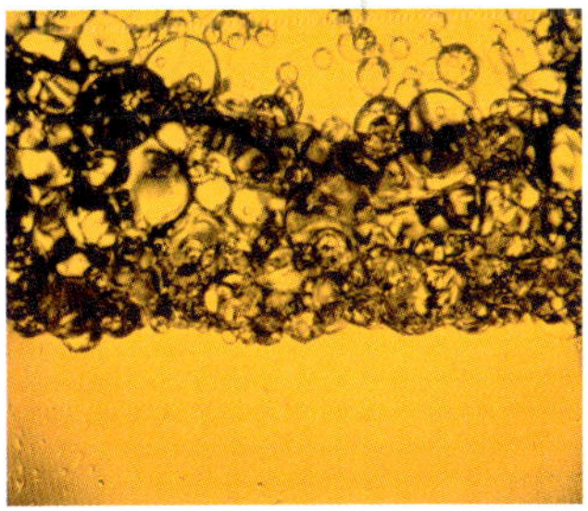

Heutzutage üben die Menschen eine Reihe von Praktiken, um „Shizen tai" zu erlangen. Wir schulen uns hier mittels verschiedener Methoden, etwa durch Meditation über einen Zustand „geordneten Glaubens". Wahrscheinlich war es Gott, der die Natur erschuf, und in ihr finden wir die einzige Vollkommenheit in der Welt. Wir erkennen in der Natur das Leben des Kosmos. Wir lernen in der Natur wie in einer Heiligen Schrift, und deswegen darf sie nicht zerstört werden.

Der Speisesaal in Dev Aura

Die Natur im inneren Spiegel

Der Spiegel

Vicky Wall

MB: Ich bin sehr berührt von Ihren Worten, und ich möchte Ihnen den Grund dafür erklären. Die Begründerin von Aura-Soma, Vicky Wall, erblindete im Alter von sechsundsechzig Jahren. Sie empfing dann Aura-Soma als Inspiration, indem sie sich in die Meditation und ins Gebet versenkte.
Sie nannte später ihre Autobiographie „The Mirror and the Miracle" (Der Spiegel und das Wunder). Sie haben etwas beschrieben, was mich daran erinnerte, was wir erleben, wenn wir durch den inneren Spiegel in Verbindung mit der äußeren Natur treten; denn dann können wir durch den Spiegel der äußeren Natur erkennen, was im tiefsten Kern unseres eigenen Wesens verborgen liegt.
Sich mit der Natur zu verbinden, meint, das Äußere durch den inneren Spiegel zu erkennen. Wir finden also in der Natur gespiegelt, wer wir wahrhaft sind. Die Equilibrium-Flaschen sind der Spiegel im Aura-Soma-System, in dem sich unsere eigene innere Tiefe reflektiert, in dem wir unser wahres Wesen finden.

Der göttliche Sitz im Kasho-den

YS: Was genau meinen Sie mit dem „Spiegel in uns"?

MB: Der innere Spiegel ist die Natur des Bewusstseins in uns. Wenn wir unsere Gefühle und Gedanken anschauen, vielleicht in einem Zustand der Klarheit, können wir diese Gefühle und Gedanken durch unser Bewusstsein ziehen sehen, und sie erscheinen wie Farben vor unserem geistigen Auge. Wenn wir dann lernen, diese Farben in uns bewusst anzuschauen, beginnen wir die Verbindung zwischen unseren inneren Wahrnehmungen und den äußeren Sinneseindrücken zu erkennen.
Die Griechen prägten den Ausdruck: „Schließe die Augen, und das Licht im Raum wird verdunkelt." Sie erkannten, dass das LICHT ihrer inneren Wahrnehmung entsprang und dann erst ihre Umgebung erhellte. Sich mit der Natur zu verbinden, heißt, seine innere Kraftquelle durch Selbstannahme zu entdecken, und erst dann kann sich unser eigentliches Wesen in der Welt ausdrücken.
Diese Verbindung mit der NATUR bezeichnet auch den Weg, den wir als menschliche Wesen zu beschreiten vermögen, um all das schätzen zu können, was in der Natur der äußeren Welt existiert.
Welche Bedeutung besitzt der „Spiegel" im Koshinto?

Der Spiegel

Nagayo-den. Die große Halle im Zuishogu, in der die legendäre Übung des „Tokusano kandakaranogoho“ ausgeführt wird.

Der Spiegel

YS: Im Koshinto bezeichnet der Spiegel Himmel, Erde und Natur. Koshinto ist der Glaube an das Leben, und die Heiligen Schriften sind Himmel, Erde und Natur. Der Glaube in Koshinto richtet sich nicht auf Gott, sondern auf das LEBEN. Es gilt herauszufinden, was für uns das Wichtigste im Leben ist und das dann zu verwirklichen.
Das Wichtigste, was wir finden, wenn wir in den Spiegel sehen, ist das LEBEN selbst. LEBEN ist Himmel, Erde und Natur in ihrer Vollkommenheit. Der Spiegel erinnert uns nur an unser eigenes inneres Leben.
Die Japaner haben immer im Einklang mit der Natur gelebt. Diese Lebensform ist die Essenz oder das Erbgut des japanischen Volkes und wesentlich für die japanische Kultur.
Es ist zugleich der Weg des Koshinto. Wir dürfen niemals den Einklang und die Resonanz zwischen dem inneren und dem äußeren Spiegel stören. In unserem Bewusstsein darf es zwischen der äußeren und der inneren NATUR niemals eine Trennung geben. Diese Form des Lebens charakterisiert die japanische Kultur.

MB: Wie verwirklicht die traditionelle japanische Kultur diesen Anspruch?

YS: Zuerst müssen wir unsere Feinfühligkeit entfalten und die Fähigkeit, unsere Umwelt intensiv durch unsere fünf Sinne wahrzunehmen. Mit durchdringendem Blick seitens der Augen; mit intensiver Wahrnehmung der Düfte durch unsere Nasen; mit aufmerksamem Zuhören durch unsere Ohren; mit feinfühligem Schmecken durch unseren Mund; mit bewusster Rede durch unsere Lippen; mit zarter Empfindung durch unsere Haut und insgesamt mit der umfassenden Erfahrung aller Aspekte in unserem GEIST. Dies kennzeichnet eine der Wurzeln der japanischen Tradition, die wir die „Kultur der Feinfühligkeit" nennen. Nehmen wir an, Sie erfreuen sich an der Schönheit der Blumen in der Natur, an ihren Formen und an ihren Farben. In fast allen japanischen Haushalten gibt es einen Platz, den wir „Tokonoma" nennen, der dazu dient, mit Blumen aus der Natur geschmückt zu werden. Indem Sie Tokonoma mit einer Blume verschönern, nehmen Sie etwas aus der Natur mit nach Hause und bewahren es in sich. Es charakterisiert die japanische Kultur, die Natur täglich ins Haus zu bringen und sich mit ihr zu verbinden.

MB: Mich würde Ihre Meinung über einen Aspekt von Aura-Soma interessieren. Er betrifft zwei unterschiedliche Farben. Die eine ist Grün, die andere Koralle. Die Koralle deutet an, über sich selbst hinaus zu gehen und die Leere zu entdecken; das Grün steht dafür, den Raum zu finden, um über sich selbst hinaus zu gehen und die wahre Natur des SELBST zu entdecken.

Der Spiegel

Es scheint mir, dass Sie über „Leere" sprechen, wenn Sie davon reden, Tokonoma mit Blumen zu verschönern. Die Idee der Leerheit meint doch in ihrer Essenz etwas, das über die Natur der Selbstreflexion hinausgeht und auf etwas zielt, das jenseits des Spiegels liegt, etwas weitaus Tieferes. Sprechen wir von derselben Idee?

YS: In der Tat. Das Wort für Farbe, „Iro", das wir täglich benutzen, gehört zu den Schlüsselworten, wenn wir über die japanische Sprache sprechen.
Betrachten wir das Leben: Wir werden geboren, entfalten ein gewisses Selbstbewusstsein, reifen als junge Menschen heran und werden uns als Männer der Frauen und als Frauen der Männer bewusst. Wir sagen dann, dass er oder sie „Iroke" (ein Gespür für Farbe) entwickelt. Das dürfte ausdrücken, dass er oder sie ein Interesse am anderen Geschlecht entdeckt; und damit soll keine unanständige Assoziation geweckt werden, sondern hier handelt es sich um einen bedeutungsvollen Ausdruck.
Wir drücken unsere Individu-

Haniel. Die 104. Flasche
der Equilibrium-Reihe

alität durch das Wort „Iro", durch Farbe, aus. „Iroke" zu entwickeln, bedeutet also nichts anderes, als sich seiner Individualität zu versichern, die sich zu entfalten beginnt. Wenn wir dann Erwachsene sind, verwenden wir den Ausdruck: „Ich habe dieselbe „Iroai" (Färbung) wie diese oder jene Person." Was heißt, das wir uns gut miteinander verstehen.
In einem tieferen Verständnis meint dies, dass wir unsere Individualität als Farbe ausdrücken. Die Japaner verfügen über diese Form der Feinfühligkeit.
Indem ich euch alle hier bei der Arbeit mit Aura-Soma beobachtet habe, begann ich erneut über Farbe nachzusinnen. Mein Empfinden ist es, dass Aura-Soma den Japanern wieder ein tiefes Gewahrsein ihrer selbst vermittelt.

MB: Sie verfügen in der Tat über ein sehr tiefes Verständnis der Essenz von Aura-Soma.

MB: Was mir in Japan besonders auffällt, ist der Umstand, dass Aura-Soma gerade jungen Menschen entscheidend hilft, ihre eigenen Wurzeln neu zu entdecken. Durch die Amerikanisierung der Jugend Japans, die etwa um 1950 begann, besteht für sie heute eine Notwendigkeit, wieder einen Zugang zum eigenen kulturellen Erbe zu finden.
Jede Farbe im Aura-Soma-System repräsentiert einen Aspekt des Bewusstseins.

Wenn wir daher die über hundert verschiedenen Farbkombinationen der Equilibrium-Flaschen studieren, können wir ziemlich exakt etwas über unseren eigenen inneren Bewusstseinszustand herausfinden.
Diese Verbindung mit unserem inneren Wesen über den Spiegel der Farben hilft uns möglicherweise dabei, mehr über uns selbst zu erfahren, als es durch den Blick in einen normalen Wandspiegel möglich wäre.

Aura-Soma hilft und unterstützt die Jugend

Der Traum

Der Traum

Sie sprachen vorhin über die Pubertät. Es gibt bei Aura-Soma in diesem Zusammenhang einen Ausdruck, der „Energieknoten im Selbst" lautet. Es ist eine Anspannung, eine Zusammenziehung von Energie im Bereich des Solarplexus. Die Pubertät ist eine Zeit, in der ein menschliches Wesen sich selbst zu erkennen beginnt. Es ist der Anfang der Reise zur Selbstfindung, in der ein junger Mensch seinen eigenen Weg beschreitet und den Schutz der Eltern allmählich hinter sich lässt.

Die Reise beginnt, aber durch die Überbetonung des Intellekts, die Konzentration auf den mentalen Bereich, bleibt sie stets in gewisser Weise unbefriedigend. Aura-Soma bietet die Möglichkeit, über die intellektuelle Seite hinaus zu gelangen, die empfindende Seite des Wesen und die Herzensqualitäten zu entfalten und tief im Bauchbereich auf etwas zu stoßen, was als die eigentliche Essenz des Selbst bezeichnet werden könnte. Mittels dieser Reise und durch die Reflexion über das Geheimnis der Farben bietet sich die Gelegenheit, uns wieder mit unseren kulturellen Wurzeln zu verbinden und zur inneren Quelle unseres wahren Seins vorzustoßen.

YS: Das ist ein wundervolles Hilfsmittel. Ich hoffe, Sie sehen mir die folgende Frage nach. Wo befindet sich der GEIST in unserem Körper?

MB: Ich denke, er umfängt das ganze Körperbewusstsein. Es gibt keine spezielle Wohnstatt für den Geist. Das Zentrum liegt etwas oberhalb des Nabels und ein wenig innerhalb.

YS: Sie sagen, die Quelle liegt ein wenig oberhalb des Nabels; und wir nennen diesen Kraftquell in Japan „Hara". Da Hara kein Organ ist, können wir es auch nicht als Substanz bezeichnen.

Außergewöhnliche Wolkenformation über Tetford

Der Traum

Es gibt einen Ausdruck in Japan, der lautet: „Hara o sue-ru (einen Entschluss fassen)." Wir benutzen das Wort „Hara", wenn wir eine Situation beschreiben, in der es darauf ankommt, einen Entschluss für etwas Wichtiges im Leben zu fassen.
Die Entscheidung fällt aus dem Hara heraus, nicht im Kopf. Wut steigt nicht bis in den Kopf empor, sie kocht im Hara. Das Hara ist die Wurzel für unsere Feinfühligkeit. Wir verbinden uns mit der Natur, indem wir unser Tiefstes durch Farben ausdrücken; und die Feinheit der Farben in der Natur nehmen wir mittels des Hara wahr. Eine der Übungen im Koshinto, um sich mit Himmel, Erde und Natur zu verbinden, besteht darin, tief ins Hara zu atmen oder das Ki (die Lebenskraft) ins Hara zu bringen. In diesem Zentrum verwirklichen wir die Verbindung zu Himmel, Erde und Natur.
Durch das Atmen ins Hara eröffnen wir den Weg zur Verbindung mit Himmel, Erde und Natur. Tief ins Hara zu atmen, schenkt dem GEIST Frieden. Wenn wir, als eine grundlegende Ausdrucksform des Ki, Farben erfahren und den Ausdruck des LEBENS im Hara, dann ist dies „Shinzen tai" (der natürliche Zustand des Körpers); und dies ist das letzte Ziel unserer Übungen hier.
Die Japaner haben ihre eigene Kultur während der letzten einhundertzwanzig Jahre der Verwestlichung verleugnet, bewusst oder unbewusst. Sie haben hart gearbeitet, um einen westlichen Lebensstil anzunehmen, aber sie können keine westlichen Menschen werden. Sie haben ihre eigene Identität verloren, ihre Kultur, und sind dann zu Wanderern in einer modernen globalen Welt geworden. Wer aber seine Kultur verliert, hat als Volk oder Nation sein Ende erreicht. Die Geschichte hat dies bewiesen. In diesen Tagen haben die Japaner es zuletzt doch noch erkannt. Auch ich bin einer von denen, der es endlich verstanden hat. Darum habe ich diesen Schrein wieder aufgebaut, mit jener Zielsetzung, über die ich ja bereits gesprochen habe.

Ein Mohnfeld in der Nähe von Dev Aura

Der Traum

Es gibt zahlreiche Probleme in der Welt, von den Kriegen bis zu den ökologischen Krisen, weil wir so viel Leben, Zivilisation und kosmische Ordnung zerstört haben. Wir müssen uns dessen jetzt bewusst werden und unsere Lebenseinstellung verändern. Ich hoffe, dass die Japaner sich dessen bewusst werden, auf welche Weise ihnen Aura-Soma in diesem Umkehrprozess helfen kann. Ich bin der Meinung, dass es ein Weg für die Menschen ist, die Würde zurück in ihr Leben zu bringen. Auf diesem Weg bin ich Aura-Soma begegnet und konnte durch diese Begegnung mein Verstehen vertiefen – dafür bin ich dankbar.

MB: Großartig! Es ist auch mein Wunsch, dass Aura-Soma den Menschen helfen möge, wieder Kontakt zu ihren Wurzeln zu finden. Ich habe in unserer Begegnung die Großzügigkeit Ihres Herzens kennengelernt, und sie scheint mir ein Geschenk aus der NATUR zu sein. Ich glaube, es ist für alle menschlichen Wesen eine der wichtigsten Herausforderungen des Lebens, in ihren Herzen großmütig zu werden.

YS: Ich danke Ihnen sehr. Wünsche sind nicht an Zeit und Raum gebunden. So möge dieser Wunsch, die Großmütigkeit des Herzens zu entfalten, von unserem Treffen ausgehen und in die Zukunft ausstrahlen. Ich werde hier jeden Tag dafür beten.

MB: Ein wunderbares Schlusswort!

Yasuyoshi Sakata ist der Oberpriester des Koshinto Hauptschreins und des Misogi Schreins. Er wurde 1934 in Tokio geboren. Er studierte Religionswissenschaft an der Tohoku Universität in Japan. Nach seinem Studienabschluss wurde er der sechste Patriarch der Misogi Schule und der Oberpriester des Misogi Schreins.
Yasuyoshi Sakata förderte zahlreiche Internationale Konferenzen, auch in Zusammenarbeit mit den Vereinten Nationen.
Er traf mit Papst Johannes Paul II., mit dem früheren amerikanischen Präsidenten Jimmy Carter und einer Reihe bedeutender Intellektueller zusammen und ist im Rahmen seiner vielfältigen internationalen Tätigkeiten vor allem mit zahlreichen Hilfsprojekten befasst.

Mike Booth ist Künstler und „Heiler wider Willen". Er bereist als spiritueller Lehrer die Welt und ist der Leiter von Aura-Soma.
1983 traf er Vicky Wall, unmittelbar nachdem Aura-Soma das Licht der Welt erblickt hatte. Er ist heute der Leiter der „Internationalen Akademie zur wissenschaftlichen Erforschung der Farben", die ihren Hauptsitz in England sowie zahlreiche Zentren in Amerika, Australien, Japan, Deutschland, Italien, Österreich, der Schweiz, Kanada, Südafrika, Mexiko und Brasilien hat.

IMPRESSUM

1. Auflage 2004

Voglherd 1, 85567 Grafing

Herausgeber: Hiromi Hiraishi

& Haruko Oishi

Photos von Erik Pelham

Japanische Originalausgabe by

Moderato, Tokio, Japan

Deutsche Übersetzung:

Dr. Peter Michel

Gedruckt in Leipzig

ISBN 3-89427-286-4